Reiki com
Florais de Bach

Carmen Cid

Reiki com
Florais de Bach

© Publicado em 2014 pela Editora Isis.

Tradução e revisão de textos: Maria Lúcia Acaccio

Obra original: Reiki en unión con las esencias florales de Bach
Diagramação e capa: Décio Lopes

Dados de Catalogação da Publicação

Cid, Carmen

Reiki com Florais de Bach/Carmen Cid | 1ª edição | São Paulo, SP | Editora Isis, 2014.

ISBN: 978-85-8189-055-5

1. Medicina Alternativa 2. Esoterismo I. Título.

Proibida a reprodução total ou parcial desta obra, de qualquer forma ou por qualquer meio seja eletrônico ou mecânico, inclusive por meio de processos xerográficos, incluindo ainda o uso da internet sem a permissão expressa da Editora Isis, na pessoa de seu editor (Lei nº 9.610, de 19.02.1998).

Direitos exclusivos reservados para Editora Isis

EDITORA ISIS LTDA
www.editoraisis.com.br
contato@editoraisis.com.br

Sumário

Prefácio 7
Agradecimentos 11
Dedicatória 13
Prólogo por John Curtin 15
Reiki em união com as essências florais. Outra maneira
de usar as essências florais do dr. Bach 17
Como e por que desenvolvi esta técnica 21
O que você aprenderá neste livro? 23
A origem das Flores de Bach 25
O que são as Essências Florais e como trabalham? 27
Os 7 Grupos 29
Grupo 1 – Para Tratar os Temores 31
Grupo 2 – Para a Incerteza 33
Grupo 3 – Para Tratar o Desinteresse das Mudanças mais
  Atuais 35
Grupo 4 – Para Tratar a Solidão 39
Grupo 5 – Para Tratar a Suscetibilidade 41
Grupo 6 – Para Desespero e Abatimento 43
Grupo 7 – Para Aqueles que Sofrem pelos Demais 47

Podemos combinar as flores? 51
Diferenças entre Reiki Fusão e o método Reiki tradicional. 53
O que é necessário para trabalhar com esse método? 55
A maneira correta de segurar o Pêndulo 57
O método 59
Epílogo 63

Prefácio

Queridos Irmãos de Caminho e de Luz ...
Saudações Reikianas!!!

Em fevereiro de 2007 viajei a Madrid/Espanha, pela terceira vez, a fim de assinar um contrato e publicar um de meus livros em espanhol, o "Reiki, Amor, Salud y Transformación". Encontrava-me de férias com Rita, mas nessa viagem fui convidado a ministrar meu primeiro Curso Oficial de Karuna-Reiki na sede da Fundação Sauce. Confesso que fiquei um pouco dividido, mas ouvindo a "voz de meu coração" cancelei minha viagem de férias que faria com Rita a linda Veneza – Itália e ministrei esse curso no fim de semana do Carnaval de 2007, o que não é muito comum para nós brasileiros, trabalhar nesse período considerado religioso e de lazer. O curso ficou lotado, com dezessete pessoas em lista de espera, o que nos obrigou a retornar para um segundo curso. Nessa outra viagem, conheci Carmen Cid, nascendo uma amizade que se fortalece a cada ano que passa.

A energia Reiki é uma das maiores forças deste planeta para a evolução das pessoas, um caminho de harmonização interior com o Universo. Todos nós temos acesso à energia Reiki. Utilizá-la é nosso direito inato. A energia Reiki é um presente poderoso, uma oportunidade para o iniciado crescer e transformar-se. É uma energia de paz e libertação com a qual o Criador abençoa o planeta. Ajuda a deter a violência e tendências autodestrutivas. É um poderoso antídoto contra o cigarro, o alcoolismo e as drogas que degeneram a humanidade.

No Japão, onde nasceu o método Reiki, a técnica se denomina Reiki-Do (Caminho da Energia Universal). Para os japoneses cada reikiano traça o seu próprio caminho, desenvolve sua própria maneira de lidar com essa energia maravilhosa de Amor Universal, de acordo com suas particularidades e crenças. Não existe um reikiano igual a outro e o trabalho de muitos pode se complementar como uma verdadeira simbiose. Sigo o Reiki num caminho mais voltado para a parte filosófica e como ferramenta de crescimento espiritual. Carmen segue outro caminho, também fantástico, como ferramenta terapêutica e complementar com os eficientes Florais de Bach.

Certa vez, disse o cientista inglês Isaac Newton: *"Se eu vi mais longe, foi por estar de pé sobre ombros de gigantes"*. Vejo Carmen Cid como uma das "gigantes" do Reiki na Espanha. Quando existir no Reiki mestres esclarecidos que promovam iniciativas como essa, de escrever bons livros, capazes de ajudar a entender e ensinar a verdadeira filosofia dos Cinco Princípios do Reiki, então, nosso método passará do simbolismo à realidade. Os novos reikianos encontrarão a "iniciação verdadeira" e construiremos efetivamente um método de Suprema Sabedoria Humana.

Por acompanhar sua jornada, não tenho dúvidas, que essa nova obra de Carmen Cid, será de grande valia para o fortalecimento do método Reiki no Brasil e no mundo.

Carmen, que Deus lhe conceda vida longa, para que possa seguir nessa nobre missão na divulgação e no fortalecimento do Reiki e dos Florais de Bach.

Luzes no coração de todos que terão acesso a esse livro.

Prof. (MSc) Johnny De' Carli

Autor dos livros: "Reiki Universal"; "Reiki, A Terapia do 3º Milênio"; "Reiki, Amor, Saúde e Transformação"; "Reiki, Sistema Tradicional Japonês"; "Reiki para Crianças"; "Reiki, Os Poemas Recomendados por Mikao Usui"; "Reiki, Apostilas Oficiais"; "Reiki, Como Filosofia de Vida".

Agradecimentos

Agradeço ao meu querido Mestre John Curtin, que me deu a oportunidade de ser quem sou e confiou em mim, na minha capacidade e no meu jeito de fazer as coisas – e o fiz às cegas. Obrigado, chefe!

Aos meus pais, Leônidas e Maria José, que sem entender tudo o que faço, foram meu suporte e meu apoio incondicional.

Agradeço-lhes de coração, amo-os infinitamente.

Aos meus irmãos, Suzana, Verônica e Davi, porque me querem bem e aceitam-me apesar das minhas estranhezas.

Ao meu outro Mestre, Johnny de' Carli, por ensinar-me o que sabe e por ser outro dos meus "Gigantes".

Aos meus amigos, sim, a vocês, pois me apoiaram nos maus e nos bons momentos, sei que posso contar com vocês sempre: Anais, Isabel, Jéssica e sem esquecer de Xavier. Obrigado!

E por último, quero agradecer à minha aluna, Carmem Padilha, sem o seu empurrão, este livro não teria sido escrito.

Obrigado também a você!

Dedicatória

Dedico este livro à Nacho, por devolver-me a fé no amor, por demonstrar que tudo é possível, desde que se tenha força de vontade e gana de vencer. Por tudo o que me forneceu dia após dia, por ter fé em mim, por me estimular para algo melhor, apesar do medo, por exigir-me, alentar-me, querer-me.

Dedico-o, sim, à Naná, meu tesouro, por ser cada dia minha mestra no contínuo aprender a "SER".

Prólogo por John Curtin

Considero-me uma pessoa muito prática.

Tenho pouco tempo para teorias e enfoques que não tenham sido respaldados por muita experiência e uma comprovação *in situ* de sua eficácia.

Por isso me encanta o trabalho de Carmen, já sabendo, por experiência própria, que tudo o que ela faz, baseia-se em anos de uso e aplicação prática com pacientes de verdade.

O que se lê neste livro é o resultado da experiência e sabedoria acumulada de Carmen Cid.

Ela irá explicar o que funciona de verdade, por que o pratica diariamente com pacientes, aqui, da Fundação Sauce, que saem encantados com os resultados.

O meu, é o Reiki, mas também reconheço que esta potente técnica pode complementar-se com muitas coisas e a terapia floral seja talvez uma delas.

Ainda que a terapia floral trabalhe com "substâncias", é, na realidade, uma terapia energética que, durante seu preparo, extrai-se a vibração da essência e não os componentes químicos dela.

Quando você toma uma essência floral, está tomando a vibração da planta e por isso se torna uma combinação tão potente com Reiki, juntando a energia da fonte com a da planta em questão.

Em resumo, tenho grande expectativa de que Carmen tenha publicado este livro, pois estou seguro de que ajudará muita gente no processo de cura.

Parabéns! Carmen,

John Curtin,
Mestre de Reiki, Presidente da Fundação Sauce,
Presidente da Federação espanhola de Reiki.
Madri, 2013.

Reiki em união com as essências florais. Outra maneira de usar as essências florais do dr. Bach

Quem eu sou?

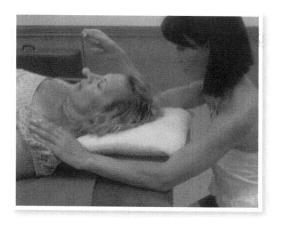

Quem sou? Boa pergunta!

Sou mestra de Reiki por vocação, tratando de devolver ao mundo, ao universo, o que a mim foi dado. Procuro ser o que foram os meus mestres, guia e apoio. Espero continuar a ser para meus alunos. Se conseguir, ao menos com 10% das pessoas que se acercam de mim em sua busca, então, me darei por satisfeita.

Desde pequena senti a inquietude por esta forma diferente de resolver as coisas. Dentro de mim, algo dizia: há algo mais.

Sempre fui uma criança "um pouco estranha". Durante anos, ainda que me deixasse levar pela corrente do "normal", eu não era tão normal assim, pois uma constante voz interna repetia: "há algo mais", e, essa voz nunca se calou.

Em minha busca incansável aprendi, entre outras coisas, Naturopatia, Fitoterapia ou Cura Espiritual e, como não, sobre flores de Bach, que por um tempo foi minha maneira de conectar com esses outros mundos.

Das 8 horas às 6 da tarde, era uma menina "normal", mas, depois, ao sair do trabalho, desfrutava de maneira amadorística do que, na verdade, me agradava e era minha vocação.

Sonhava um dia dedicar-me a isso, mas nada ocorreu até que o Reiki chegou à minha vida.

Quando por fim passou, e o Reiki chegou, foi o momento de descobrir que era exatamente isso o que eu queria fazer pelo resto da vida. Foi então que deixei tudo para tomar rumo para esta outra vida, a minha vida atual.

O passo de unir as Essências com Reiki foi algo natural e deu-se de maneira fácil e fluida.

Com a consciência interna de que o Reiki se complementa com quaisquer outras terapias convencionais, como gemas, fisioterapia, massagem ayurvédica, kinesiologia, reflexoterapia, osteopatia, etc., por que não com as Essências florais?

E assim nasceu a fusão de Reiki e Flores de Bach.

Ainda me lembro do dia, em que acabava de fazer uma sessão de Reiki-fusão a uma amiga e ela, enquanto me via fazer a mistura, olhou-me nos olhos e disse:

– Amiga você conseguiu! Está feito! Exatamente igual à bruxinha com suas poções, mudando sua vida e a dos demais.

Aquilo me fez ficar consciente de que havia cumprido um dos meus maiores sonhos, dedicar-me profissionalmente às terapias complementares.

Foi então que, durante sete anos trabalhei com essa técnica no meu consultório, sem partilhá-la com outros terapeutas, em parte pois, como eu a havia inventado, como poderia servir a outros? E, também por que não sabia muito bem como fazê-lo chegar aos demais profissionais.

Um dia, porém, percebi que era uma maneira fácil e rápida de ajudar meus pacientes e já havia passado tempo suficiente trabalhando com isso para saber que funcionava às mil maravilhas. Então pensei: por que não vencer o medo a críticas e dividir essa experiência, para que pudesse beneficiar mais pessoas?

Os resultados foram visíveis desde o primeiro minuto em que comecei a trabalhar dessa forma.

Não posso dar nomes aqui, mas é realmente impactante, quando, depois dos testes, peço à pessoa que leia cada uma das flores que compõem sua mistura e observe se alguma das características das essências está de acordo com o que lhe ocorre a nível emocional, mental ou físico. Todos, sem exceção, ficaram boquiabertos pelo resultado da prova.

Depois disso e, após experimentar as essências, os pacientes voltam e voltam novamente completamente mudados, na maioria dos casos, encontram-se no caminho visível para a mudança, o que faz confirmar o uso desse método.

É tão simples e rápido quando já se tem experiência e não dividí-la seria um desperdício.

Assim, pois, estou aqui compartilhando com você o que intuitivamente aprendi e espero que seja um complemento a mais em suas consultas.

O mais fácil desse método é que, se você já é conhecedor do Reiki, não é necessário um conhecimento prévio das Essências de Bach para que possa aprender a utilizá-lo, mas, é recomendável, se quiser dedicar-se a isso e trabalhar com as essências, estudar profundamente sobre esse tema assistindo a um curso completo sobre Flores de Bach.

Espero que esse trabalho lhe agrade e que aproveite o texto, tanto quanto eu.

Como e por que desenvolvi esta técnica

Esse método foi desenvolvido por mim mesma, ao longo dos anos, trabalhando como Mestra Reikiana e Terapeuta.

Pude comprovar sua eficiência em grande número de pacientes, nos últimos 10 anos em que trabalhei com o Reiki, aproximadamente três mil pacientes, e venho utilizando este método com aproximadamente 50% deles. Sem lugar a dúvidas, isto vem comprovando sua eficácia.

Meus pacientes saíram beneficiados ao unirem desta forma as duas técnicas, já que pude maximizar resultados e, por isso agora decidi compartilhá-lo com todos que desejam seguir ajudando e aprendendo mais.

O resultado que consegui ao unir esse sistema à consulta é, sobretudo, as extraordinárias melhoras no estado emocional, ajudando a desbloquear com maior profundidade processos emocionais enquistados, conseguindo uma recuperação mais rápida e contundente.

Para realizar esse trabalho, é necessário ter algum conhecimento das Flores de Bach, já que quanto mais sabemos acerca das Essências do Método do Dr. Bach, melhor podemos compreender e ajudar, afastando-nos de prejuízos aos nossos pacientes.

Esse método pode ser utilizado por qualquer pessoa que tenha Reiki a partir do nível I.

O que você aprenderá neste livro?

Noções básicas sobre as essências

Serão nomeadas todas as essências, uma a uma, desde suas qualidades mais gerais sem a necessidade de nos aprofundarmos nelas. Para se ter uma pequena ideia de que trata cada flor em separado.

Será explicado, também, que a essência do resultado correto é a fusão entre as essências dentro da sessão do Reiki.

Baseado nisso, é possível sentir o interesse de aprender mais sobre esse maravilhoso mundo das essências e, é meu desejo que você se anime e se aprofunde em seu uso.

O uso do pêndulo para testar as essências

O pêndulo de madeira e sua convenção serve, unicamente, para uso em testes de essências dentro de uma sessão de Reiki.

Como testar flores dentro de uma sessão

Quando comecei a praticar Reiki já conhecia as Essências Florais.

Ao começar a trabalhar com Reiki, imaginei dar-me conta da comunicação tão profunda que chega a existir entre terapeuta e paciente.

O trabalho com as Essências de Bach era um pouco mais árduo, mas não pior.

Graças a necessidade de responder a muitas perguntas e muitas sessões para chegar à verdadeira causa e ao verdadeiro trauma escondido depois da manifestação física ou emocional, decidi desenvolver um método rápido e simples.

Por meio de todas as perguntas, a pessoa só respondia o que sua mente desejava ver.

Temos muitas barreiras mentais e inclusive mentimos a nós mesmos, pois não aceitamos o que está acontecendo.

O Ego se apodera de nossa capacidade e não deixa transluzir o que há por trás dele.

Agora, por meio desse método, ao eliminar a mente e o Ego, o Eu superior do paciente não encontra barreira alguma para mostrar o que realmente subjaz após o trauma e assim seremos capazes de ir diretamente a causa do bloqueio.

Existem outros métodos a se testar, como a Kinesiologia, que utilizam o corpo e sua resposta física para poder saber quais essências os pacientes necessitam.

O inconveniente desses métodos é que o terapeuta precisa de amplos conhecimentos da técnica para desenvolvê-los, no qual faz a diferença do método que apresento aqui.

A origem das Flores de Bach

Assim como o sistema nervoso nos indica por meio da dor que algo não vai bem fisicamente, as emoções fazem com a energia, quer dizer, os sensores energéticos nos dizem quando algo vai bem ou não em nós, antes de que o corpo manifeste uma doença.

O que acontece quando sofremos essas emoções durante dias, semanas, meses ou anos se não as libertamos?

Quais são os efeitos que têm nossa mente e nosso corpo quando uma enfermidade abre passagem?

O medo, a ira, a tristeza dão passagem a sentimentos de solidão, falta de amor, frustração, desespero, rancor, etc., e são essas emoções que estiveram conosco desde o começo dos tempos. Saber organizá-las é o princípio para estarmos sãos e poder ser positivos e resilentes.

Dirigir as emoções não é controlá-las, já que o controle supõe retê-las e inclusive aumentar o bloqueio.

Assertivos para poder expressar com sensibilidade e sem prejudicar todas aquelas coisas que, se não expressássemos, nos prejudicariam em nível emocional.

Resistentes para poder nos repor com facilidade aos reveses que ocorrem ao longo da nossa vida.

O Doutor Edward Bach, como muitos outros antes e depois dele, se deu conta disso, mas sua inquietude e ânsia de ajudar o levou a desenvolver o sistema floral pelo que se reconhece.

Era um médico do País de Gales, na Grã Bretanha, que não concordava de todo, com os métodos da medicina convencional, e, no entanto, se dedicou à busca de algum método menos agressivo, mais sutil, benigno e suave.

Foi nesse período da sua vida quando teve contato com a Homeopatia, em que, também, se destacou como médico e pesquisador, recebendo o reconhecimento de seus colegas.

Durante suas pesquisas, percebeu que alguns pacientes tinham a mesma enfermidade e, tinham, também, outras características pessoais similares como: postura, forma de falar, gestos e expressões.

Começou então a analisar seus pacientes não só por suas enfermidades e sintomas, mas, principalmente por suas personalidades.

Assim começaram as investigações, baseando-se nos princípios homeopáticos "semelhantes curam a semelhantes", mas usando simplesmente flores.

Bach finalmente desenvolve seus 38 remédios, com base na seguinte afirmação:

"Para corrigir uma enfermidade física, é necessário primeiro corrigir os problemas mentais e emocionais do paciente".

Premissa que também é válida com Reiki.

O que são as Essências Florais e como trabalham?

O método do Dr. Bach baseia-se no uso de 38 remédios naturais, divididos em sete Grupos principais, derivados das flores que incidem sobre as vibrações energéticas mais sutis do homem.

Com a assimilação dos remédios, se consegue uma menor resistência mental e a possibilidade de com o Reiki chegar à cura mais profunda com menos esforço.

Esse sistema é uma perfeita combinação com o Reiki, pois carece de efeitos secundários e não interfere nos medicamentos, já que trabalham no nível energético.

Com as flores e a preparação dos remédios, atuamos por meio dos quatro elementos fundamentais que regulam a harmonia de nosso planeta e de nós mesmos:

TERRA, proporciona à flor o apoio, o alimento, e nos dá consciência e sustento.

AR, proporciona à flor a capacidade de se reproduzir e sem ele nossa vida seria impossível. Respirar é o que primeiro fazemos ao nascer e o último ao morrer, é um ato inconsciente, mas sem ele não existiríamos.

FOGO, ajuda à flor a mudar e transformar-se, a evoluir, expressa-se com todas suas forças por meio do sol que nos nutre e nos regenera.

ÁGUA, nutre as plantas, é determinante para a vida de todo o planeta e inclusive para nós, uma vez que nosso corpo é composto entre 75% e 85% de água.

Além do que, há de se considerar que os remédios se preparam utilizando a água como elemento base.

OS 7 GRUPOS

Grupo 1
Para tratar os temores

Aspen – Álamo Tremelicante.

Para pessoas que sofrem de temores vagos e desconhecidos nos quais não há explicação nem razão.

Não obstante, a pessoa pode estar aterrorizada por algo terrível que vai acontecer e não sabe o que será.

Estes temores vagos e inexplicáveis podem obsecar de noite e de dia.

As pessoas que padecem deles normalmente temem contar sua preocupação aos demais.

Palavra Chave: apreensão.

Cherry Plum – Cereja ou Cerasifera.

Para pessoas que temem que a mente esteja excessivamente tensa.

Temem perder a razão, fazer coisas horríveis e espantosas que não desejam, pois sabem que são incorretas e, não obstante, aparece o pensamento e o impulso de fazê-las.

Palavra chave: perda de controle, desespero.

Mimulus – Mimosa.

Para pessoas que sofrem do medo das coisas deste mundo, tais como: as enfermidades, a dor, os acidentes, a pobreza, a escuridão, a solidão, as desgraças e os temores da vida cotidiana.

Estas pessoas suportam secretamente seus medos, sem dizê-los livremente.

Palavra chave: ansiedade.

Red Chestnut – Castanha Vermelha.

Para pessoas que não deixam de preocupar-se com as demais. Frequentemente são pessoas que se preocupam com elas mesmas, mas sofrem por seus entes queridos, com frequência, pensando antecipadamente que lhes vai ocorrer algo ruim ou uma "desgraça".

Palavras chave: medo ou preocupação pelos outros.

Rock Rose – Heliantemo.

Para as coisas que parecem não ter solução, nem esperança.

Em acidentes ou enfermidades repentinas, ou quando algo é grave o suficiente para causar temor aos que a rodeiam.

Palavra chave: pânico, terror.

Grupo 2
Para a incerteza

Cerato – Ceratostigma.

Para pessoas que não têm confiança em si mesmas suficiente para tomar as próprias decisões.
Constantemente pedem conselhos aos outros.
Palavra chave: falta de confiança em si mesmo.

Gorse – Tojo – Giesta.

Para pessoas com um enorme desespero.
Para os que abandonaram a fé e já não creem que possam ter ajuda espiritual.
Palavra chave: desespero, desesperação.

Hornbeam – Folhagem.

Para pessoas que se sentem sem forças, mentais ou físicas para suportar as dificuldades que a vida lhes impõe.
Os assuntos cotidianos parecem-lhes demasiadamente pesados para executar, ainda que costumem cumprir com suas tarefas de forma satisfatória.
Palavra chave: cansaço mental e físico.

Scleranthus – Escleranto.

Para pessoas que sofrem muito por serem incapazes de decidir.

Geralmente são pessoas caladas que sustentam suas dificuldades sem dividi-las com ninguém.

Palavra chave: incerteza, desestabilidade.

Wild Oat – Aveia Silvestre.

Para pessoas ambiciosas por fazer algo importante na vida.

Que desejam adquirir muita experiência e gozar de tudo o que lhes seja possível, vivendo plenamente.

Sua dificuldade consiste em determinar que ocupação devem seguir, já que, ainda que suas ambições sejam fortes, não têm uma vocação que lhes chame a atenção mais do que outra.

Isso pode trazer-lhes demoras e insatisfações.

Palavra chave: ambições não cumpridas.

Gentian – Genciana.

Para pessoas que se desanimam facilmente.

Podem estar encontrando progresso nos assuntos da vida cotidiana ou cuidando de uma enfermidade.

Não obstante, qualquer pequeno atraso ou dificuldade no seu progresso causa-lhes incerteza e rapidamente desanimam.

Palavra chave: dúvida, incerteza, desânimo.

Grupo 3
Para tratar o desinteresse das mudanças mais atuais

Chesnut – Broto de Castanha.

Para pessoas que não tiram amplo proveito da observação e da experiência. E que levam mais tempo do que outros em aprender as lições da vida diária.

Enquanto que uma só experiência seria suficiente para alguns, essas pessoas necessitam ter mais, às vezes, várias, antes de aprender a lição.

Portanto, para seu pesar, encontram-se cometendo o mesmo erro em diferentes ocasiões.

Palavra chave: falta de observação. Repetição de erros.

Clematis – Clematilde

Para os sonhadores e os sonolentos que nunca estão totalmente despertos e que não tem grande interesse pela vida.

Pessoa tranquila. Que não é realmente feliz na sua atual situação e que vive mais no futuro do que no presente.

Pessoas que vivem à espera de tempos mais felizes, nos quais seus ideais poderão converter-se em realidade.

Na doença, alguns fazem pouco esforço ou nenhum para recuperar a saúde e, em alguns casos, chegam a desejar a morte com a esperança de uma vida melhor, ou, talvez, a de reencontrar algum ser querido.

Palavra chave: sonhadores, inconscientes.

Mustard – Mostarda.

Pessoas propensas a terem períodos de tristeza e desespero. Como se uma nuvem fria e escura envolvesse e obstruísse a passagem da luz, ocultando o prazer de viver. Pode ser impossível que eles encontrem uma razão que justifique tais episódios. Diante isso, eles terão grandes dificuldades em parecer alegres e joviais.

Palavra chave: depressão profunda sem causa conhecida.

Olive – Oliva.

Para pessoas que sofreram mental ou fisicamente. Encontram-se esgotadas e cansadas e sentem-se sem energia para fazer o mínimo esforço.

Para elas a vida cotidiana representa um trabalho difícil, carente de prazer.

Palavra chave: esgotamento extremo.

White Chestnut – Castanheira Branca.

Para pessoas que não conseguem evitar pensamentos e ideias indesejáveis.

São pensamentos preocupantes e constantes, se desfazem por um momento mas regressam em seguida.

Muito ruído mental que acaba sendo uma verdadeira tortura.

A presença desses pensamentos tão desagradáveis afugenta a paz, não permitindo a pessoa usufruir plenamente o dia.

Palavra chave: pensamentos não desejados, ruído mental.

Wild Rose – Rosa Silvestre / Roseira-brava.

Para pessoas que sem razão aparente se resignam com tudo o que lhes acontece e deslizam pela vida tomando-a como vem, sem fazer o menor esforço para melhorar as coisas, nem para encontrar a felicidade.

Pessoas que sem queixa alguma se renderam.

Palavras chave: apatia, resignação.

Honeysuckle – Madressilva.

Para pessoas que vivem envolvidas pelo passado, que talvez tenha sido a época de grande felicidade.

Nas recordações de um amigo perdido, ambições que não se tenham cumprido.

Não esperam maior felicidade do que aquela já experimentada.

Palavra chave: nostalgia.

Grupo 4
Para tratar a solidão

Heather – Urze.

Para pessoas que estão buscando constantemente a companhia de alguém, pois para eles é necessário discutir seus próprios assuntos com os demais, não importa quem seja.

Sentem-se infelizes se tiverem de ficar sozinhos por algum tempo.

Palavra chave: egoísmo, não escuta.

Water Violet – Violeta de Água.

Para pessoas que tanto na enfermidade como na saúde preferem ficar a sós.

São sujeitos muito tranquilos que se deslocam sem fazer ruído, falam e ouvem tranquilamente.

Pessoas quase livres da opinião dos demais. Eles se mantêm apartados, nos deixam e seguem seu próprio caminho.

Normalmente são inteligentes e talentosos.

Sua paz e tranquilidade são uma bênção para aqueles que os rodeiam.

Palavra chave: orgulho, isolamento, reserva, solidão.

Impatiens – Impaciência.

Para pessoas rápidas de ação e pensamento. Querem que tudo se faça sem vacilo e sem demora.

São maus enfermos, porque na doença esperam com ansiedade uma pronta recuperação. Normalmente têm grande dificuldade em ter paciência com gente lenta, já que a lentidão parece-lhes um erro e uma perda de tempo.

Fazem qualquer tipo de esforço para lograr que os demais atuem com maior rapidez.

Preferem trabalhar e pensar sozinhos para fazer tudo no seu próprio ritmo.

Palavra chave: impaciência, irritabilidade, tensão mental exagerada.

Grupo 5
Para tratar a suscetibilidade

Centaury – Centáurea.

Para pessoas bondosas, tranquilas e suaves que sempre estão ansiosas por servir aos demais.

No seu empenho por merecer, subestimam suas forças.

Sua necessidade de agradar cresce de tal modo que se convertem em serventes, em vez de atuarem como ajudantes voluntários. Sua boa natureza as leva a trabalhar mais do que lhes correspondem.

Palavra chave: vontade débil, submetimento.

Holly – Azevinho.

Para pessoas que às vezes são atacadas por pensamentos como: ciúmes, inveja, vingança e suspeita.

Para as distintas classificações da ira.

Estas pessoas podem sofrer muito por dentro, sem que exista com frequência, uma real causa para a sua infelicidade.

Palavra chave: ódio, ciúmes, inveja, vingança, ira, rancor.

Walnut – Nogueira.

Para as pessoas que tem ideais e ambições definidas na vida que estão sendo conduzidas, mas, em algumas ocasiões são tentadas a se desviar das suas próprias ideias, metas e trabalho, devido ao entusiasmo, à persuasão ou às fortes opiniões dos outros.

Este floral dá constância e protege das influências externas.

Palavra chave: ajuda nas trocas, corte.

Agrimony – Agrimonia.

Para pessoas alegres, joviais e de bom humor que amam a paz e se afligem com as discussões. Para evitá-las consentem em renunciar a muitas coisas.

Pessoas com problemas e atormentadas, preocupadas e inquietas na mente ou no corpo, ocultam suas preocupações atrás do seu bom humor e de suas piadas e são muito valorizadas em atos sociais. Às vezes tomam álcool ou drogas para terem estímulos e para suportar alegremente suas aflições.

Palavra chave: tortura mental, ansiedade.

Grupo 6
Para desespero e abatimento

Elm – Olmo.

Para pessoas que fazem um bom trabalho, que estão seguindo a vocação da sua vida e esperam realizar algo de importância, normalmente em benefício da humanidade.

Podem ter momentos de depressão quando sentem que a tarefa que empreenderam é demasiadamente difícil e ultrapassa sua capacidade.

Palavra chave: excesso de responsabilidade.

Larch – Larício.

Para as pessoas que não se consideram tão boas nem tão capazes como as demais. Estão sempre esperando o fracasso pensando que nunca vão alcançar o sucesso, por isso não se arriscam nem fazem tentativas suficientemente fortes para alcançá-lo.

Palavra chave: falta de autoconfiança, sentimento de inferioridade.

Oak – Carvalho.

Para pessoas que se esforçam e lutam fortemente pelos assuntos da vida cotidiana.

Ainda que seu caso pareça sem esperança, seguem tentando e lutando uma coisa atrás da outra.

Mostrar-se-ão descontentes quando a enfermidade chegar a interferir em seus deveres ou impedir de ajudar aos demais.

Pessoas valentes que lutam contra grandes dificuldades sem perder a esperança, nem abandonar o esforço.

Palavra chave: luta, sentido de dever.

Pine – Pinheiro.

Pessoas que sempre culpam a si próprias. Mesmo quando tiveram sucesso, pensam que poderiam tê-lo feito melhor e nunca estão satisfeitas com seu esforço ou resultado.

São grandes trabalhadores e sofrem muito pelos erros que lhes são atribuídos.

Palavra chave: sentimento de culpa. Autorreprovação.

Star of Bethlehem – Leite de Galinha.

Para pessoas que sofrem um grande mal-estar devido a acontecimentos que lhes produziram infelicidade.

O choque provocado por graves notícias, a perda de um ente querido, o susto que segue a um acidente ou coisas parecidas.

Este floral traz alívio àqueles que durante algum tempo se negam a aceitar consolo.

Palavra chave: choque e todas as suas sequelas.

Sweet Chestnut – Castanheira Doce.

Para momentos em que algumas pessoas sentem que a angústia é tão forte que parece ser insuportável.

Quando a mente ou o corpo sentem que suportaram ao máximo do sofrimento e agora têm de ceder e se entregar.

Quando parece que já não resta mais afrontar a destruição e o aniquilamento.

Palavras chave: extrema angústia, desesperança e desespero.

Willow – Salgueiro.

Para pessoas que sofreram adversidade ou infortúnio e não conseguem aceitar sem queixa ou ressentimento, pois julgam a vida de acordo com o êxito que lhes traz.

Pensam que não merecem passar prova tão grande; que a vida foi demasiadamente injusta com elas e se tornam amarguradas.

Com frequência perdem o interesse e tornam-se menos ativas naquelas coisas da vida das quais antes desfrutavam.

Palavra chave: ressentimento, amargura, rancor.

Crab Apple – Macieira Silvestre.

Este é o remédio da limpeza para as pessoas que sentem que há algo a ser limpo dentro delas.

Normalmente se trata de algo que aparentemente é de pouca importância.

Em algumas ocasiões pode se tratar de um transtorno mais sério que passa despercebido perto do que essas pessoas se concentram.

Em ambos os casos o indivíduo está ansioso por se ver livre dessa sensação em particular. Na sua mente é o mais importante e lhe parece essencial que seja curada.

Se o tratamento fracassar, caem em desalento.

Palavra chave: sensação de sujeira física ou psíquica.

Grupo 7
Para aqueles que sofrem pelos demais

Beech – Faia.

Para as pessoas que sentem necessidade de ver mais bondade e beleza em tudo o que as rodeia.

Esse remédio ajuda a perceber as coisas que parecem equivocadas, adquirindo a capacidade de ver o bem que surge dentro delas.

Serão mais tolerantes, indulgentes e compreensivas com os diferentes caminhos que, cada um percorre em direção à sua perfeição final.

Palavra chave: tolerância.

Chicory – Chicória.

Para as pessoas que são muito atentas às necessidades dos demais. Tendem a cuidar excessivamente das crianças, familiares, amigos, sempre encontrando algo que possa ser retificado.

Continuamente corrigem aquilo que consideram errado e desfrutam ao fazê-lo.

Esperam que aqueles pelos quais se preocupam, permaneçam com elas.

Palavra chave: egoísmo, possessividade.

Vervain – Verbena.

Para pessoas com princípios e ideias fixas que só mudam em raras ocasiões, pois acreditam que estão corretas.

Tem enorme desejo de converter a todos à sua volta que tem seu próprio ponto de vista sobre a vida.

Possuem uma vontade férrea e muito valor quando estão realmente convencidos daquilo que desejam ensinar ou realizar.

Perante uma possível enfermidade continuam lutando mesmo quando outros já se consideravam vencidos.

Palavras chave: ansiedade extrema, excesso de entusiasmo, fanatismo, tensão.

Vine – Videira.

Para pessoas que são boas conhecedoras da mente humana.

Têm grande capacidade e força mental no qual se agradam de exercer essas qualidades ajudando os demais.

Quando, porém, algo lhes desagrada utilizam sua força para exercer um domínio sobre as pessoas.

Esperam que os outros se mostrem submissos ao seu poder.

Palavras chave: autoritarismo, dominação, liderança, inflexibilidade, ambição.

Rock Water – Água das Pedras.

Para pessoas que são estritas em sua maneira de viver.

Negam-se muitas alegrias e prazeres da vida, pois acham que pode interferir no seu trabalho.

São severas consigo mesmas e com os demais.

Desejam estar saudáveis, ser fortes e ativos e farão qualquer coisa para se manterem assim.

Esperam ser o exemplo para cativar outros e depois, limitar suas ideias e, como resultado, tornarem-se os melhores.

Palavra chave: autorrepressão, rigidez moral, resistência à mudança.

Podemos combinar as flores?

O sistema de Flores de Bach é harmonioso por si mesmo.

Todas as essências podem combinar-se entre si, até aquelas flores que são adequadas para estados de ânimo, aparentemente contraditórios, podem estar juntas numa mescla.

Pode-se dizer que esse tipo de estado, que parecem ser opostos, dão-se juntos e com relativa frequência.

Dessa forma, as Flores de Bach se equilibram e, num estado de desequilíbrio, há sempre excesso de algo e defeito do oposto.

Por isso, sempre que tivermos carência de algo, teremos um excesso do contrário. Por essa razão, flores que trabalham em oposição se combinam na mescla, já que a função, tanto do Reiki, como das Essências, é alcançar o equilíbrio mental e emocional, para chegar ao equilíbrio físico e, assim, à saúde.

Já que Reiki é o complemento perfeito para outras terapias, seja do caráter que for, com as Essências Florais formam uma dupla mais harmoniosa.

Diferenças entre Reiki fusão e o método Reiki tradicional.

Quando comecei a praticar Reiki, já conhecia as Essências Florais.

Ao começar a trabalhar com Reiki, imaginava ter grande conhecimento da comunicação profunda no qual podia se chegar entre terapeuta e paciente.

Trabalhando com Reiki, aprendemos que a mente não interfere ao transmitir a energia, porque Reiki não é um ato mental, mas nossos padrões mentais, às vezes, estão tão arraigados que é difícil penetrar e conseguir a melhora do paciente.

Ao unir as essências ao Reiki, podemos romper essa barreira com mais facilidade, "abrandar" o bloqueio e, assim acelerar o processo da cura.

A grande diferença entre o Método tradicional é a forma de testar o paciente e, é nisso que se baseia esse método de trabalho.

O trabalho com as essências de Bach era algo custoso pois se necessitava muitas perguntas e muitas sessões para chegar à verdadeira manifestação física ou emocional.

O problema com o qual nos deparamos é o bloqueio escondido atrás da mente, muito difícil de burlar. O paciente diz em que acredita ser a verdade, mas, às vezes, é incapaz de enfrentar essa verdade, pelo temor ao juízo ou simplesmente por não ser capaz de reconhecê-lo e, assim, dará rodeios e mais rodeios até chegar ao bloqueio.

Com "REIKI FUSION", ao eliminar a mente, o Eu Superior do paciente não encontra barreira para mostrar o que realmente está oculto por atrás daquele bloqueio e o deixa descoberto de maneira inconsciente.

Essa é a diferença básica, a possibilidade de conexão com o Eu Superior da pessoa por meio da sessão de Reiki e, com isso, chegar à causa do transtorno sem necessidade de utilizar o consciente e as barreiras que este põe.

Outra das grandes diferenças entre este método e o tradicional é a dosagem.

Assim como no método tradicional há uma dosagem estipulada seja qual for o tratamento. Com Reiki Fusão é o paciente quem, por meio da conexão com Reiki, e o terapeuta, além de dizer as essências das quais necessita, também nos diz que dose diária necessita e durante quanto tempo tem de tomar a mescla.

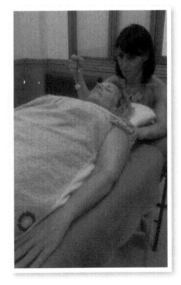

O que é necessário para trabalhar com esse método?

Estar iniciado no primeiro nível do Reiki.
Um pêndulo, de preferência de madeira.
Por que um pêndulo de madeira?
Porque a madeira é um material neutro, não se carrega com energias do paciente, do terapeuta ou do ambiente e, nos dá a possibilidade de trabalhar com vários pacientes seguidos sem precisar limpá-lo, mesmo tendo vários pêndulos preparados e limpos. Mesmo assim é possível utilizar qualquer tipo de pêndulo.

Antes de começar a trabalhar com ele, devemos fazer uma convenção com o pêndulo, quer dizer, aprender a nos comunicar com ele, saber com qual movimento nos diz "SIM" ou "NÃO".

Esse pêndulo será o que será usado exclusivamente para esse trabalho.

Podemos fazer essa convenção de forma simples mas, com paciência, pegamos o pêndulo

conforme vemos na imagem, essa é a posição correta. Fazemos uma pergunta na qual saibamos seguramente que seja verdade, por exemplo:

> Meu nome é CARMEN?

Espero para ver que movimento o pêndulo realiza e, pouco a pouco ele começará a mover-se, às vezes em círculos, outras vezes frente e atrás.

O movimento que fizer, será o que indica qual é sua maneira de me dizer o "SIM".

Para saber como diz "NÃO", faremos uma pergunta na qual saibamos seguramente que não é verdade, por exemplo:

> Meu nome é ANA?

Continuando com o mesmo procedimento, espero até que o pêndulo comece a se mover e, assim, saberei como meu pêndulo se comunica comigo para trabalhar com Flores de Bach.

A maneira correta de segurar o pêndulo

Devemos segurar o pêndulo como vemos na imagem, de forma que a corrente ou cordão passe por cima do dedo indicador e sem que toque nos outros dedos.

Os pés devem estar apoiados firmemente no solo e o cotovelo do braço que sustenta o pêndulo, apoiado na maca ou canapé, também de maneira firme enquanto se realizam os testes, para evitar movimentos que não sejam próprios do pêndulo.

As perguntas dirigidas ao pêndulo devem ser claras, concisas e concretas, sem vaguezas nem palavras contraditórias.

O método

Como primeiro passo devemos numerar as diferentes essências que, em geral, encontramos nos livros em livrarias comuns.

As essências estarão numeradas conforme seu nome em inglês, desde o número 1, Agrimônia (Agrimony) ao número 38, Salgueiro (Willow).

Ao numerar as essências vai facilitar o trabalho e nos dará capacidade de fazê-lo no menor tempo possível.

Feito isso, dentro da sessão de Reiki, nos comunicando em nível subconsciente com o paciente, ele irá nos dizer, uma a uma, de quais flores necessita para conseguir a mescla adequada para sua doença particular, quer dizer, abriremos nossa sessão de Reiki de acordo com nosso nível e começaremos a dar uns 10 minutos de Reiki na cabeça.

Feito isso, recolhemos nosso pêndulo enquanto a mão livre estará sempre em contato com o paciente.

O cotovelo da mão que sustenta o pêndulo deverá estar apoiado no canapé para evitar oscilações e possíveis erros e, nossos pés, em contato com o solo.

Em seguida, realizaremos perguntas:

– Posso ajudar esta pessoa com flores de Bach?

Se a resposta do pêndulo for afirmativa, seguiremos:

Pergunte sobre os intervalos de numeração: do 1 ao 10, do 11 ao 20, etc.

Necessita da 1ª à 10ª? ... da 11ª à 21ª ... etc.

Anote os números que o pêndulo vai marcando.

Pergunte quantas gotas ao dia necessita da mescla.

Essa pergunta também se realizará por meio de intervalos de números, (mais de 5 gotas, mais de 10 gotas... etc.)

Pergunte durante quantos dias é necessário tomar a mescla.

De novo utilizaremos os intervalos de números.

A quantidade de flores que o paciente necessita varia entre 1 e 7 e depende única e exclusivamente do paciente.

Se sair mais de 7, a aplicação do teste não está bem feita e deveremos repassar sobre as essências que escaparam e fazer uma nova aplicação de testes.

Tendo as essências que nos foram pedidas pelo paciente, dispomos fazer a mescla e para tal, primeiramente, devemos preparar uma mistura que a chamaremos de "veículo" e serve para manter em bom estado a mistura da essência.

É necessário ter uma garrafa de vidro de preferência a que misturaremos 3/4 de água mineral ou destilada (se possível destilada com nossa própria destiladora) com ¼ de brandy ou whisky.

Também é necessário garrafinhas de 30ml e nelas mesclaremos de 2 a 4 gotas das essências que o paciente nos pedir na sessão e, completaremos com a mescla de água e brandy.

Se o paciente for criança, grávida ou uma pessoa que tenha problemas com o álcool, mudamos o veículo de brandy ou o whisky por vinagre de maçã ou apenas água mineral, caso em que deverá mantê-lo no refrigerador para evitar que se deteriore.

Para proteger as essências das radiações eletromagnéticas do ambiente, devemos recomendar aos pacientes que as mantenham dentro de uma tigela com sal grosso, ou seja, coloca-se o frasco da mistura de essências numa tigela com sal grosso em nosso criado-mudo para que ele possa tomar as essências ao despertar e delas não esquecer.

Epílogo

A partir de agora é preciso manter claro uma coisa, somente uma.

O segredo é a prática! Para que o pêndulo lhe dê as respostas com claridade e rapidez e para ter confiança suficiente na informação que está recebendo.

Em qualquer caso, as essências são inócuas, e o pior que possa lhe ocorrer, é seu paciente não melhorar, mas nunca piorar além do conhecido período de desintoxicação.

O que costumo dizer aos meus alunos é que a maestria vem da prática e não somente do conhecimento.

Quanto mais praticarmos, quanto mais trabalharmos com o pêndulo, pelo método que lhes apresentei, mais cedo se dará conta o quanto é fácil, intuitivo e rápido.

A prática lhe trará segurança e tranquilidade.

É impossível que o Reiki lhe fará mal, sendo assim é impossível causar qualquer dano.

Se trabalharmos com esse método, para sermos mais precisos e poder ajudar melhor e mais rapidamente às pessoas que se aproximam de nós, buscando respostas, pratique para ser o melhor terapeuta.

Esse é meu único desejo.

Adiante! O mundo é seu!